고정욱이 들려주는
역사
한 장면 ②

일러두기
1. 이 책은 〈개똥이네 놀이터〉 '우리 역사 한 장면'에서 다룬 여러 한국사 가운데
   을사늑약과 독립운동에 관련된 이야기를 엮었습니다.
2. 한국사의 주요 사건을 고정욱 선생님이 이야기 형식으로 구성해 어린이들이
   재미있게 읽도록 했습니다.
3. 이야기가 끝나면 관련 역사 지식 정보와 독후 활동을 할 수 있게 구성했습니다.

고정욱이 들려주는

역사 한 장면 ②
을사늑약과 독립운동

고정욱 글 | 김주경 그림

보리

작가의 말

목숨을 던져 나라를 지키다

　지금 이 순간 우리가 누리는 자유와 평화가 어디서 왔는지 생각해 본 적이 있나요? 맘껏 뛰놀고 먹고 싶은 것 먹고 하고 싶은 일을 할 수 있는 세상에 우리는 살고 있어요. 독립운동가들이 자신의 모든 것을 걸고 나라를 지킨 덕에 우리는 눈 부신 햇살 아래서 웃을 수 있는 거예요. 주권을 잃고 우리 이름조차 빼앗긴 시절이 있었지만 어둠 속에서도 희망을 놓지 않은 사람들이 있었어요. 그들이 쉽지 않은 길을 걸어왔기에 지금에 이르렀죠.

　이 책은 그 힘겹고 뜨거웠던 순간들을 담고 있어요. 첫 번째 장면은 을사늑약을 체결하던 순간이에요. 총칼의 위협 속에서 나라의 외교권을 빼앗기던 날, 조국을 지키려고 몸부림치던 이들의 분노와 절망이 서려 있어요. 두 번째 장면은 하얼빈역에서 울려 퍼진 총성이에요. 방아쇠를 당기며 모든 삶을 던진 청년의 결의, 그것은 세상을 향한 조선의 외침이었어요. 마지막은 훙커우 공원 의거예요. '내 소원은 오로지 대한 독립'이라는 말처럼, 온 생애를 조국에 바친 한 청년의 슬프고도 빛나는 순간이 담겨 있어요.

찬찬히 들여다보면 일제강점기 우리나라에는 우리가 익히 알고 있는 독립운동가들 말고도 수많은 영웅이 있었어요. 이름 없이, 얼굴 없이, 그러나 굳게 나라를 지킨 수많은 평범한 사람이 이 땅에 있었죠. 그들의 땀과 눈물이 모여 역사가 되었고, 오늘 우리가 서 있는 이 자리를 만들었어요.

잊어서는 안 됩니다. 역사는 먼 과거의 이야기가 아니라, 우리 뿌리이자 미래를 향한 약속이에요. 이 책을 읽는 동안 여러분의 마음속에도 작은 불씨가 피어오르길 바라요. 그 불씨가 용기와 희망이 되어, 더 나은 세상과 새로운 역사를 써 내려갈 힘이 되었으면 해요.

이제, 그날의 숨결이 살아 있는 현장으로 함께 걸어가 볼까요?

2025년 가을의 시작, 북한산 기슭에서 **고정욱**

차례

작가의 말 · 4

일제강점기의 시작 을사늑약

을사오적 한자리에 모이다 · 12

을사늑약과 투쟁 이모저모-주권을 되찾으려는 움직임 · 26

되새기기 · 34

생각 쓰기 · 36

하얼빈역에 울려 퍼진 총성

안중근, 독립운동에 목숨을 바치다 · 42

목숨 건 독립운동 이모저모-그날 하얼빈에서 일어난 일 · 56

되새기기 · 64

생각 쓰기 · 66

조선 청년 윤봉길의 결단

홍커우 공원에서 폭탄을 던지다 · 72

의사와 열사 이모저모-내 소원은 오로지 대한 독립 · 86

되새기기 · 94

생각 쓰기 · 96

되새기기 정답 · 99

일제강점기의 시작
을사늑약

을사늑약(1905년 11월 17일)
1905년에 일본이 대한제국의 외교권을 빼앗으려고 강제로 맺은 조약이야. 이토 히로부미가 경운궁에 군대를 끌고 와 신하들을 협박해 맺었지. 을사오적인 권중현, 박제순, 이근택, 이완용, 이지용은 자기 이익만을 따져 나라를 일본에 팔아넘겼어.

역사 한 장면

을사늑약 체결

"찬성합니다. 조약을 맺겠습니다."
대한제국의 외교권을 빼앗겠다는
조약문에 을사오적은 서명했어.

을사오적 한자리에 모이다

이토 히로부미는 다섯 명의 대신들에게 물었어.

"당신들은 다른 생각을 가지고 있지 않소?"

권중현, 박제순, 이근택, 이완용, 이지용은 이토 히로부미와 눈빛을 주고받았지.

"저희는 찬성합니다. 조약을 맺겠습니다."

대한제국의 외교권을 빼앗겠다는 조약문에 다섯 명의 대신이 서명했어.

일본에 의해 불평등한 조약이 체결되는 순간이었지.

을사년에 강제로 맺은 약속이라서 '을사늑약'이라고 하고 조약문에 도장을 찍은 다섯 신하를 '을사오적'이라고 불러.

경운궁에 들이닥친 이토 히로부미

　1905년 11월 17일, 을사년 가을 아침이었어. 중추원* 의장 이토 히로부미가 하야시 곤스케, 하세가와 요시미치와 함께 일본 군대를 이끌고 대한제국의 황제인 고종이 있는 경운궁(지금의 덕수궁)으로 들이닥쳤어. 그들은 고종과 경운궁 중명당에서 조약을 맺으려고 했어.

　고종은 이토 히로부미가 내민 조약문을 읽어 내려갔어.

- 조선은 일본의 동의 없이 외국과 조약을 맺을 수 없다.
- 일본은 조선에 통감부를 설치하여 조선의 외교 사무를 관리한다.
- 일본은 조선의 궁궐에 통감을 두어 서울에 살게 한다.

　밖은 금방이라도 겨울이 올 것처럼 찬바람이 불고 있었지.
　"폐하, 어서 이 조약문에 옥새를 찍으십시오."

* 중추원: 대한제국에서 의회(법을 만드는 곳)와 같은 역할을 한 기관.

고종이 조약문을 모두 읽고도 옥새*를 찍지 않고 머뭇거리자, 이토 히로부미는 다그치듯 고종에게 쏘아붙였어.

"이 조약만 맺으면 일본제국이 힘이 약한 대한제국을 지킬 수 있습니다."

고종은 고개를 가로저으며 낮은 목소리로 말했어.

"몇 번을 다시 읽어 보아도, 이 조약은 맺을 수 없소."

고종은 뜻을 분명히 하려고 자리에서 떠났지. 억지로 조약

* 옥새: 옛날에 나랏일을 볼 때 쓰던 임금의 도장.

을 맺으려다 단호하게 거절당한 이토 히로부미는 팔짱을 끼고 자기가 데려온 부하들을 돌아보았어. 그리고 잠시 생각하더니 자신만만하게 입을 열었어.

"그렇다고 방법이 없는 게 아니지. 대한제국의 신하들을 모두 불러 모아라."

대한제국의 신하들이 빠짐없이 모이자 이토 히로부미가 목소리를 가다듬고 명령했어.

"그대들이 고종 황제 대신 이 조약에 서명하시오."

신하들은 조약문을 천천히 살펴보곤 여기저기서 웅성거렸어. 반대하는 목소리가 나오기 시작했지.

"이 조약을 맺으면 일본이 우리나라를 마음대로 휘두르게 되는 것이 아니오? 우리나라를 일본에 제물로 바치는 조약을 허락할 수는 없소."

궁궐 둘레와 서울 곳곳에 무기를 든 일본군이 경계를 서며 오가고 있었지만, 신하들은 조금도 흔들리지 않았지. 이토 히로부미는 며칠 동안 세 번이나 고종을 찾아가 위협하고, 신하들에게도 여러 차례 으름장을 놓으며 조약에 서명하라고 윽박

질렀지만 소용없었어.

밤이 깊었을 무렵, 이토 히로부미는 또 다른 계책을 떠올렸어. 대한제국의 신하들 가운데 일본에 우호적인 권중현, 박제순, 이근택, 이완용, 이지용을 불러들였지. 그들은 서로 눈치를 살피며 앞에 있는 이토 히로부미를 힐끔거렸어. 이토 히로부미는 다섯 명의 대신들에게 물었어.

"당신들은 다른 생각을 가지고 있지 않소?"

다섯 명의 대신들은 천천히 고개를 끄덕이며 이토 히로부미와 눈빛을 주고받았어.

"네. 저희는 찬성합니다. 조약을 맺겠습니다."

이토 히로부미는 한 사람씩 뜻을 물으며 조약문에 다섯 명의 도장을 찍었어. 일본이 우리나라 주권을 빼앗는 불평등한 조약이 체결되는 순간이었어. 을사년에 강제로 맺은 약속이라서 '을사늑약'이라고 하고 조약문에 도장을 찍은 다섯 대신을 '을사오적'이라고 불러.

고종과 다른 신하들은 대한제국의 외교권이 일본에게 넘어가는 조약 내용에 강하게 반대했어. 외교권은 다른 나라와 교류하고 협상할 수 있는 권리인데, 을사늑약이 맺어지면서 대한 제국은 스스로 다른 나라와 소통할 수 없고, 다른 나라와 통할 때에는 무조건 일본의 허락을 받아야만 했어.

"조약을 무효화해야 하오. 그렇지 않으면 우리나라는 주권을 잃고 마오."

고종은 을사늑약이 일본의 협박으로 맺어졌다고 무효를 선언했지만 일본에게 무시당했지.

나라를 빼앗기다

일본은 우리나라에 통감부*를 세우고 관리하기 시작했어. 일본이 외교 문제를 관리하고 다른 나라와 교류할 수 없도록 막으니, 우리나라는 점점 외톨이가 되어 갔지. 또 나라 곳곳에

* 통감부: 1905년부터 1910년까지 일본이 우리나라를 지배할 준비를 하려고 서울에 세운 관청.

이사관이라는 관리를 두어 정치에도 간섭했어.

대한제국의 신하였던 민영환은 일본에게 나라를 빼앗긴 것에 항의하며 스스로 목숨을 끊었어. 그는 마지막으로 우리나라가 다시 독립하려면 모두 힘을 합쳐야 한다는 말을 남겼어.

오! 나라의 치욕과 백성의 고통이 심해져 우리 민족이 사라질 위기에 처했구나.

나는 이 죽음으로 황제의 은혜에 보답하고 2천만 동포에게 사죄하고자 한다. 비록 내 몸은 죽더라도 저세상에서 반드시 동포들을 도울 것이다. 동포들이 굳은 의지로 학문에 힘쓰고 한마음으로 자유와 독립을 되찾아 주길 바란다.

그날이 오면 나는 저승에서도 기뻐하며 웃을 것이다.

많은 사람의 존경을 받던 신하가 죽자, 나라는 큰 충격에 빠졌어. 서울 종로의 상인들은 다 함께 가게 문을 닫으며 을사늑약에 반대하는 시위를 벌였고, 장지연이라는 신문 기자는 을사늑약이 부당하다는 기사를 써 사람들에게 널리 알렸지.

오늘은 소리 내어 통곡할 날이다! 대한제국의 외교권이 일본에 넘어갔으니 나라의 큰 치욕이다. 이 땅의 백성들은 분노하고 단결하여 반드시 국권을 되찾아야 한다.

일본은 장지연을 체포하여 고문하고, 기사를 실은 신문을 없애 버렸어. 고종은 두려움에 떨며 지내다 곁에 있던 신하들에게 물었어.

"나라를 되찾으려면 어찌해야 하겠나?"

"일본의 협박으로 을사늑약이 맺어졌다는 걸 세상에 알려야 합니다. 국제 사회에 조선의 상황을 알리고 도움을 청하면 어떠하겠습니까?"

"좋은 생각이다. 다른 나라가 나서 준다면 일본도 우리를 함부로 하지 못할 것이다."

고종은 일본과 맺은 조약을 취소해야 한다고 주장하며 다른 나라에 도움을 청하기 시작했어. 1907년에는 네덜란드 헤이그에서 열리는 제2회 만국평화회의에 세 명의 특사 이상설, 이위종, 이준을 보내 우리나라가 처한 상황을 알리고자 했지. 세 명의 특사*는 네덜란드에 도착해 회의에 참석하려고 했지만 일본과 영국의 방해로 회의장에 들어가지 못했어.

이준은 만국평화회의장에 들어가지 못한 분노를 참지 못해 결국 지병으로 목숨을 잃었어. 그래도 고종은 포기하지 않고 여러 나라에 서신을 보내 우리나라의 상황을 알리고, 잘못된 조약이라고 강력하게 외쳤어.

우리나라 상황이 세상에 알려지자, 다른 나라 학자들도 을사늑약은 협박으로 맺어졌다며 입을 모아 비난했어. 프랑스의 한 국제법학자는 이렇게 말했지.

"이 조약은 일본이 군대를 끌고 와 조선에게 강요한 것이다. 잘못되고 폭력적인 행위이다."

국제 사회의 목소리를 들은 이토 히로부미와 일본의 정치인들은 불같이 화를 냈어.

"고종이 우리 몰래 조약의 부당함을 알리고 다른 나라에 도

---

* 특사: 우리나라와 다른 나라 사이에 큰 일이 생겼을 때 특별한 임무를 맡겨 보내는 사람.

움을 청하고 있다. 괘씸한 고종을 당장 끌어내려라!"

일본은 고종을 황제의 자리에서 끌어내리고 고종의 아들 순종을 새 황제로 앉혔어. 이미 일본을 따르는 자들로 가득한 나라였기에 순종은 황제의 역할을 제대로 해내기 어려웠지.

독립을 향한 움직임

우리나라 곳곳에서 독립운동이 일어났어. 의병들은 우리나라에 쳐들어온 일본군과 싸우며 독립을 위해 목숨을 걸었어. 의병 장군 최익현은 일흔이 넘은 나이였지만 군사를 이끌고 전쟁터로 나갔지. 의병들의 노력에도 일본은 점점 더 많은 권력을 차지하며 우리나라의 숨통을 조였어.

1906년, 이토 히로부미는 일본의 첫 번째 통감이 된 뒤 우리

나라에 일본 경찰 천사백 명을 보내 사람들을 감시했지. 통신, 철도, 도로처럼 우리나라의 중요한 시설들을 마음대로 만들고 관리하며 일본의 배를 불렸어. 학교에서는 일본인 선생님이 일본어로 수업하며 우리말을 쓰지 못하게 했고, 우리나라 역사도 배우지 못하게 했어.

게다가 을사늑약으로 빼앗아 간 외교권으로 일본에게 유리한 또 다른 약속들을 다른 나라와 맺었어. 1909년에는 청나라와 간도협약을 맺어 이익을 얻었는데, 우리나라와 청나라가 오랜 시간 서로 자기 땅이라고 주장하던 간도를 청나라에게 준다는 내용이었어. 그 대신 일본은 청나라의 철도 공사와 탄광 채굴권을 얻어 돈을 벌었지.

우리나라는 1910년부터 1945년까지 일본의 지배를 받으며 살아야 했어. 일본에게 억압당하고 핍박받으며 힘든 시간을 보내야 했지. 그러나 우리나라 사람들은 독립을 향한 열망을 꺾지 않았어. 수많은 독립운동가의 희생 덕에 1945년 8월 15일, 빼앗긴 나라를 다시 찾을 수 있었어.

을사늑약과 투쟁 이모저모

고종은 왜 헤이그에 특사를 보냈을까?
을사오적은 불평등 조약에 순순히 찬성했어. 이토 히로부미가 내민 협조의 대가에 눈이 멀어 나라를 팔아먹었지. 나라를 빼앗긴 뒤 우리나라는 곳곳에서 일본을 향한 투쟁을 멈추지 않았어. 고종은 네덜란드 헤이그에서 열리는 만국평화회의에 특사를 보내 부당함을 알리려고 했어.

#독립운동의 시작

주권을 되찾으려는 움직임

을사늑약은 일본이 우리나라 외교권을 빼앗기 위해 강제로 맺은 조약이야. 조약을 맺을 때는 한일협상조약이라고 했지. 일제의 식민지가 된 뒤 우리나라 곳곳에서 다시 주권을 되찾으려는 움직임이 일어났어. 의병, 특사처럼 다양한 활동으로 독립을 위해 힘썼지.

을사늑약에 서명한 다섯 명 | 을사오적

을사오적은 을사늑약에 서명한 다섯 명의 대신인 권중현, 박제순, 이근택, 이완용, 이지용을 한데 이르는 말이야. 이토 히로부미가 경운궁에 군대를 끌고 와 신하들을 협박한 뒤 억지로 받아 낸 조약이긴 하지만, 그럼에도 그들은 나라의 관료로서 끝까지 조약에 서명하지 말았어야 했지. 다섯 명의 신하들은 자기 눈앞의 이익만을 따져 나라를 일본에 팔아넘겼어.

사람들은 을사오적을 죄인으로 여기며 강력하게 벌해야 한다고 나라 곳곳에서 시위를 벌이기도 했지. 오늘날 '을사오적'은 나라를 배신하고 매국하는 사람들을 빗대는 말로 쓰기도 해.

공식적인 나라의 약속 | 조약

조약은 국가 사이에 맺는 공식적인 약속이나 협정이야. 두 나라가 협력하겠다는 약속을 통해 저마다 나라에 이득이 되도록 하는 거야. 조약은 여러 나라와 현명하게 교류하는 방법 가운데 하나지만 협박을 받아 한 나라만 이득을 보는 불평등 조약을 맺으면 때에 따라 힘 없는 나라는 큰 위험에 빠질 수도 있어. 우리나라가 을사늑약으로 외교권을 빼앗기고 일본의 지배를 받게 된 것처럼 말이야.

일본은 을사늑약에 따라 우리나라 정치와 경제를 마음대로 휘둘렀어. 고종은 일본의 협박으로 맺어진 조약이라며 무효 선언을 했지. 그러나 일본은 고종의 말을 무시하고 조선을 통제하기 시작했어. 많은 사람이 항일운동을 벌이며 저항했지만 일본과 우리나라의 불평등한 관계는 오랫동안 이어졌어.

을사늑약 강요당한 대한제국 첫 황제 | 고종

조선의 제26대 임금이자 대한제국의 첫 번째 황제야. 열두 살이라는 어린 나이에 임금이 되었기 때문에 어렸을 때는 아버지인 흥선대원군이 나라를 다스렸지. 그러다 1897년에 조선을 대한제국으로 선포하고 스스로 황제가 되었어. 고종은 다른 나라와 교류하기 위해 힘쓰고 서양 문물을 적극적으로 받아들였어.

1905년에는 이토 히로부미가 을사늑약을 강요했지만 끝까지 서명하지 않았지. 을사늑약이 맺어진 뒤에는 조약의 무효를 주장하며 국제 사회에 부당함을 알리려 했어.

일본의 눈엣가시였던 고종은 1907년에 황제 자리에서 강제로 물러나게 되고, 그의 아들 순종이 대한제국의 두 번째 황제가 돼. 고종은 물러난 뒤에도 조선의 독립을 위해 계속 노력했어. 1919년 고종의 죽음은 3·1운동이 일어나는 계기가 되었어.

만국평화회의에 간 세 명의 특사 | 헤이그 특사

고종은 을사늑약의 부당함을 세상에 널리 알려서 다른 나라의 도움을 받고자 했어. 그래서 1907년, 네덜란드 헤이그에서 열리는 제2회 만국평화회의에 특사를 보냈어. 고종이 가장 믿었던 신하 이상설, 법을 잘 알고 있었던 이준, 다른 나라 말에 뛰어났던 이위종이 특사로 뽑혔지.

세 명의 특사들은 저마다 다르게 우리나라를 떠나 네덜란드로 향했지만 일본의 방해로 만국평화회의장에 들어가지 못했어. 그럼에도 세 사람은 포기하지 않고 일본이 우리나라를 강제로 침략하고 주권을 빼앗고 있다는 걸 알리기 위해 힘썼어.

이준은 만국평화회의장에 들어가지 못한 분노를 참지 못해 그간 앓고 있던 병이 심해져 목숨을 잃었고, 헤이그 특사를 보낸 일이 알려지며 고종은 황제 자리에서 쫓겨나게 되었지.

목숨 바쳐 싸운 의병장 | 최익현

　최익현은 조선 후기의 신하야. 1860년대 흥선대원군의 서원 철폐, 1895년 을미개혁 내용 가운데 하나인 단발령에 반대하며 상소를 올리기도 했지. 1876년에 체결된 강화도 조약[*]을 강력히 반대했어.

　그러다 1905년 을사늑약이 맺어졌다는 걸 알고 의병을 일으켜 일본군과 싸웠어. 전북 태인과 정읍에서 항일 투쟁을 펼치다 일본군에 체포되어 대마도로 유배되었어. 유배지에서 음식을 먹지 않는 단식 투쟁을 하다 결국 숨을 거뒀지.

　최익현은 조선의 대표적인 항일 의병 장군으로 기억되고 있어. 높은 권력을 가지는 것에 욕심내지 않고 나라의 독립을 위해 평생을 바쳤거든. 그의 충절과 의병 활동은 우리나라의 독립 운동에 큰 영감을 주었지.

---

* 강화도 조약: 1876년 조선이 일본과 맺은 조약으로 국가 사이에 평화적 관계를 유지하고 무역을 늘리는 것이 목적. 우리나라가 외국과 맺은 최초의 근대적 조약으로 일본에게만 유리하게 맺어짐.

혼란한 나라를 지킨 백성들 | 구한말 의병

조선 후기부터 대한제국까지의 시기를 '구한말'이라고 해. 구한말에는 나라를 위해 싸우는 의병들이 많이 나타났어. 부당한 권력과 일본의 침입에 맞서 정의로운 행동을 하기 위해 힘쓴 거지. 신돌석, 홍범도, 채응언 같은 사람들이 잘 알려져 있어.

신돌석은 평민 출신으로 농민들과 함께 의병을 이끌며 강원도와 경상도에서 일본군을 무찔렀어. 홍범도는 원래 사냥꾼이었다가 항일운동에 뛰어들어 독립군을 이끌었지. 의병들은 일본의 군대와 부패한 관료들에 맞서며 민족의 영웅이 되었어. 그들의 활동은 조선 민중에게 희망과 용기를 주었지. 일본은 의병들을 범죄자로 몰았지만, 이들의 활약은 훗날 독립운동에 큰 영향을 끼쳤어.

고정욱 선생님과 함께 생각해 보아요

• 나라의 관료가 가져야 할 자세 •

우리나라는 을사늑약으로 외교권을 빼앗기면서 스스로 결정할 수 있는 권리가 사라지고 일본의 뜻대로 움직여야 했어. 조약의 부당함을 잘 알고 있으면서도 을사오적과 같은 조선의 관료들은 을사늑약에 순순히 찬성했지. 을사오적은 지금까지 매국노를 뜻하는 대명사로 불리고 있어.

을사오적은 왜 비난받을까?

일본의 협박에 못 이겨 조약을 맺었는데 사람들은 왜 을사오적을 비난할까? 그들은 나라의 녹을 먹으며 백성을 지키겠다고 맹세한 관리였기 때문이야. 누구보다도 청렴하고 용기 있어야 하는 사람들이 자기 이익만을 생각하며 나라를 팔아먹은 거지. 1910년 한일 강제 병합이 이뤄지자 을사오적은 일왕으로부터 그 치적을 인정받아 은사금과 일본의 벼슬, 귀족 작위까지 받았어. 우리는 나랏일을 하는 사람들이 어떤 가치관과 신념을 가져야 하는지 다시 한 번 생각해 봐야 해.

#역사 한 장면_되새기기

풀어 봐! 맞혀 봐!

을사늑약 이야기 잘 들었어?
얼마나 귀 기울여 들었는지 문제를 풀면서 확인해 볼까?

1. 을사오적이 아닌 사람은 누구일까? (   )

   ① 이완용　　　　　　　　　　　② 이지용
   ③ 고종　　　　　　　　　　　　④ 권중현

2. 괄호 안에 공통으로 들어가는 단어를 적어 봐. (   )

> 고종과 다른 신하들은 조약 내용 가운데 대한제국의 (   )이 일본에게 넘어가는 것에 강하게 반대했어. (   )은 다른 나라와 교류하고 협상할 수 있는 권리야. 을사늑약이 맺어지면서 대한제국은 스스로 다른 나라와 소통할 수 없고, 다른 나라와 통할 때는 무조건 일본의 허락을 받아야 했어.

3. 다음 중 <u>틀린</u> 설명 하나는 무엇일까? (   )

   ① 을사오적처럼 나라를 배신한 이들을 매국노라고 불러.
   ② 구한말에는 나라를 위해 싸우는 의병들이 많이 나타났어.
   ③ 일본은 을사늑약을 우리나라와 합의해 평등하게 체결했어.
   ④ 1907년 고종은 네델란드 '만국평화회의'에 헤이그특사를 보내지만 그들은 회의장에 들어가지 못했어.

4. 을사늑약 체결에 통곡하며 목숨을 끊은 이는 누구일까? (   )

   > 오호! 나라의 치욕과 백성의 고통이 심해져 우리 민족이 사라질 위기에 처했구나. 나는 이 죽음으로 황제의 은혜에 보답하고 이천 만 동포에게 사죄하고자 한다. 비록 내 몸은 죽더라도 저 세상에서 반드시 동포들을 도울 것이다.

5. 서로 뜻이 맞는 것들을 연결해 볼래?

   ① 국가 간에 맺는 공식적인 약속이나 협정   •   • ㉠ 조약
   ② 조선 제26대 임금이자 대한제국의 첫 황제   •   • ㉡ 을사오적
   ③ 을사늑약에 서명한 다섯 명의 조선 대신   •   • ㉢ 고종
   ④ 을사늑약이 맺어지자 전북 태인과 정읍에서   •   • ㉣ 최익현
      항일 투쟁을 벌인 의병 장군

*정답은 99쪽에

되새기기   35

#역사 한 장면_생각 쓰기

1. 장지연이라는 신문 기자는 을사늑약이 부당하다는 기사를 썼어. 신문 기자가 되어 아래 장지연이 쓴 기사처럼 짧은 기사를 써 봐.

> 오늘은 소리 내어 통곡할 날이다! 대한제국의 외교권이 강제로 일본에 넘어갔으니 이는 나라의 큰 치욕이다. 이 땅의 백성들은 분노하고 단결하여 반드시 국권을 되찾아야 한다.

내가 쓴 기사

2. 을사늑약 이야기에서 가장 기억에 남는 장면이 무엇이었어?
   왜 그 장면을 골랐는지 이유를 적어 줘.

가장 기억에 남는 장면

그 장면을 고른 까닭

하얼빈역에
울려 퍼진 총성

이토 히로부미 처단(1909년 10월 26일)
안중근은 우리나라 침략을 계획한 일본 총리 이토 히로부미가 만주 하얼빈역에 도착하자 그를 총으로 쏘았어. 이토 히로부미가 안중근에 의해 죽으면서 일본은 큰 충격에 휩싸였지. 그동안 관심 갖지 않았던 대한제국의 독립운동에 온 나라가 경계심을 가지기 시작했거든.

▶ 역사 한 장면

하얼빈 의거

"코레아 우라! 코레아 우라!"
이토 히로부미가 쓰러지고
안중근은 큰 소리로 외쳤어.

안중근, 독립운동에 목숨을 바치다

이토 히로부미가 타고 있는 특별 열차가 하얼빈역에 닿았어.

기차에서 내린 이토 히로부미는 러시아 병사들을 둘러본 다음 다시 기차에 오르려고 했지.

그때였어. 한 남자가 뛰쳐나와 품에서 권총을 꺼내 이토 히로부미를 향해 쏘았어.

"탕! 탕! 탕!"

이토 히로부미가 쓰러지고, 남자는 큰 소리로 외쳤어.

"코레아 우라! 코레아 우라!"

러시아어로 '대한민국 만세'를 외친 그는 독립운동에 평생을 바친 안중근이었어.

하얼빈역에서 일어난 의거

만주의 가을은 조선의 겨울처럼 춥고 쌀쌀했어.

1909년 10월 26일 아침, 검은 외투를 입은 한 조선인 남자가 러시아 병사들이 지키고 있는 하얼빈역 안으로 들어갔어. 역 안 찻집에 자리 잡고 앉은 그는 밖을 내다보았지. 사람들이 수상하게 여길까 봐 침착한 표정을 짓고 있었지만 밖을 살피는 눈초리는 날카롭게 빛났어.

두 시간 남짓 지났을까. 마침내 이토 히로부미가 타고 있는 특별 열차가 하얼빈역에 닿았어. 요란한 군악대 음악이 울려 퍼지고 러시아 병사들이 열차 앞에 줄지어 섰지. 일본의 지도자인 이토 히로부미를 맞이하려고 말이야. 그런데 삼십 분이 지나도 이토 히로부미는 열차에서 내리지 않았어. 열차 안에서 러시아 대신인 코콥초프와 이야기를 나누고 있었거든.

오전 아홉 시 삼십 분이 지나자, 이토 히로부미가 기차에서 내렸어. 하얼빈역 광장에서 러시아 병사들을 둘러본 다음 다시 기차에 오르려 했지. 다음 목적지가 있었거든. 그때였어. 검은 외투를 입은 남자가 뛰쳐나와 품에서 권총을 꺼내 이토 히로부미를 향해 쏘았어.

"탕! 탕! 탕!"

이토 히로부미가 쓰러지고, 남자는 큰 소리로 외쳤어.

"코레아 우라! 코레아 우라!"

'코레아 우라'는 러시아어야. 우리말로 '대한민국 만세'라는 뜻이지. 하얼빈역 찻집에서 한참 동안 밖을 내다보았던 남자였어. 그는 바로 이토 히로부미를 저격하고 독립운동에 목숨을 바친 안중근.

교육 사업과 항일운동에 힘쓰다

안중근은 1879년 9월 2일, 지금 북한에 있는 황해도 해주에서 네 남매 가운데 첫째로 태어났어. 태어날 때 가슴에 일곱 개 점이 있어서, 북두칠성의 기운을 받았다는 뜻으로 어렸을 때 응칠이라는 이름으로 불렸어. 안중근 집안은 해주(황해도 서남쪽에 있는 시)에서 양반 가문으로 널리 알려졌고, 수확한 쌀가마

니가 수천 석이 나오는 넓은 논을 가지고 있었어.

안중근의 아버지 안태훈은 학문에 뛰어난 재능을 가지고 있었어. 어려서부터 《사서삼경》을 읽고 과거 시험을 준비하며 실력을 갈고닦았지. 안태훈이 진사 시험에 합격하고 서울로 유학을 갔을 때는 서양에서 신기하고 새로운 물건과 문화가 조선에 막 들어오던 참이었어. 안태훈은 일본으로 유학을 떠나기로 마음먹었다가, 1884년 갑신정변*이 실패하면서 뜻을 이루지 못했지. 그 뒤로 다시 고향 해주에 돌아왔어.

안중근이 일곱 살 되던 해 안태훈은 황해도 신천군 청계동으로 이사했어. 안중근은 어린 시절을 청계동에서 보내며 활쏘기와 말 타기를 즐겼어. 틈나는 대로 산을 타며 몸과 마음을 튼튼히 키웠지. 열두 살에 이미 활쏘기와 말 타기에서 뛰어난 사람으로 마을에서 손꼽혔어. 안중근은 어린 나이에도 나라의 앞날을 걱정하며 힘을 키워야 한다고 생각했어.

"저는 학자보다 역사에 남는 장수가 되고 싶습니다."

* 갑신정변: 조선 말기 급진 개화파가 개혁 정책을 펼치기 위해 힘으로 권력을 잡으려고 했던 사건. 1884년 우정국 건물의 완공 행사가 있던 날 일어남.

안태훈도 아들의 꿈을 응원하며 힘을 보탰어.

1905년, 안태훈이 세상을 떠났어. 안중근은 남은 식구들과 지금의 북한 평안도에 있는 진남포로 이사했어. 그곳에서 삼흥학교를 세우고 교육 사업을 해 나갔어. 학교 이름 '삼흥'에 국토와 국민이 흥해 나라를 일으키자는 바람을 담았지. 그 뒤 돈의학교도 이어받아 이끌었어.

1907년, 일본이 대한제국을 차지하려고 내세운 불평등조약 '한일신협약'이 맺어지자 안중근은 러시아 블라디보스토크로 독립운동을 하기 위해 갔어. 러시아에서 동의회라는 모임도 만들었지. 동의회는 조선 밖 의병 부대를 만들기 위한 준비 단체야.

안중근과 의병들은 1908년 함경도에서 일본군과 전투를 벌여 크게 이겼어. 의병들은 무릎 꿇은 일본군을 노려보며 안중근에게 강하게 말했어.

"일본군 포로들을 다 죽여야 합니다. 그렇지 않으면 우리가 위험해집니다."

의병들은 포로로 잡아들인 일본군을 다 죽이자고 주장했지만 안중근은 자기가 이끄는 부대가 조선을 대표하고 있다고 생각해 반대했지. 전쟁 포로들을 죽이면 안 된다는 약속이 국제 사회에 널리 퍼져 있었거든.

"우리가 국제 사회의 약속을 저버린다면, 나라에 피해가 갈 것이다. 포로들을 죽이지 말고 살려 줘야 한다."

안중근은 다른 의병들의 반대를 무릅쓰고 포로를 풀어 줬어. 그런데 포로를 풀어 준 것이 큰일이 되어 돌아왔지. 돌아간

포로들이 더 많은 군사를 이끌고 와서 다시 의병들을 공격했거든. 일본군은 의병 부대와 싸우며 얻은 정보로 쉽게 약점을 파고들었지. 갑작스러운 공격을 받아 의병들 대부분은 목숨을 잃었어. 안중근은 간신히 목숨을 건졌지만, 부대는 뿔뿔이 흩어지고 말았어.

"아, 나의 선택이 많은 의병을 죽게 하였구나!"

안중근은 괴로워하며 한동안 아무것도 하지 못했어. 하지만 나라의 독립을 떠올리며 다시 일어섰지.

1909년에 안중근은 사람들을 모으고, 결의를 증명하기 위해 왼손 네 번째 손가락 한 마디를 자르는 단지동맹을 맺었어. 목숨을 바쳐서라도 독립운동에 힘쓰겠다는 마음을 모은 약속이었지.

재판정에서 동양의 평화를 외치다

단지동맹을 맺은 뒤 얼마 지나지 않아 안중근은 일본의 지도자 이토 히로부미가 만주에 온다는 소식을 들었어. 대한민국의 독립과 동양의 평화를 바라던 안중근에게는 더없이 좋은 기회였지. 1909년 10월 21일, 안중근은 항일운동을 향한 뜻을 같이 하는 우덕순과 하얼빈으로 향했어. 하얼빈에 도착한 그는 유동하의 도움을 받으며 의거를 성공시켰지.

이토 히로부미를 총으로 쏜 뒤 안중근은 곧바로 체포돼 관동도독부지방법원에서 여섯 차례에 걸쳐 재판을 받았어. 일본 지도자를 총으로 쏴 죽였으니, 안중근은 자기가 풀려날 수 없으리라는 것을 잘 알고 있었어.

'나는 재판정에서 이토 히로부미를 척결한 이유를 분명히 밝힐 것이다.'

안중근은 마음에서 죽음을 향한 두려움을 떨쳐 내고, 자기 뜻을 분명히 다졌어. 그리하여 함께 독립운동을 해 나가는 사람들에게 마지막까지 힘이 되고 싶었지.

안중근의 재판 소식에 나라 안팎에서 안중근의 변호사를 얻기 위한 모금 운동이 일어났어. 변호해 주겠다고 나서는 이도 있었지만 일본 재판부는 이를 허락하지 않았어.

홀로 재판에 나선 안중근은 허리를 꼿꼿이 세우고 똑바로 재판관을 쳐다보며 외쳤어.

"나는 대한의군 참모중장 안중근이다."

법정에 있던 모두가 숨죽였어. 일본인 재판관이 안중근에게

물었지.

"무슨 까닭으로 그대에게 아무런 피해를 끼치지 않은 이토 통감을 죽였는가?"

안중근은 눈을 부릅뜨고 대답했어.

"개인적인 원한으로 사람을 죽인 것이 아니다. 이토 히로부미는 조선을 집어삼킨 침략자였다. 나는 죄인이 아니다. 나는 전쟁터의 장군으로 독립 전쟁을 하고 있으니 나를 장군으로 대해라."

그 순간 판사가 고개를 들며 날카롭게 물었어.

"그대가 군인이라고 하더라도, 이토 통감은 군인이 아니다. 군인이 민간인을 죽여도 된단 말인가?"

안중근은 판사의 말에 또박또박 반박했어.

"이토 히로부미는 민간인이 아니라, 대한제국을 집어삼키려는 일본의 심장이었소."

"이곳은 감정이 아닌 증거와 법으로 말하는 법정이오!"

판사가 매섭게 다그쳤지. 안중근은 침착하게 말을 이어 갔어.

"나라를 잃은 백성에게 법은 없소. 그저 울분만 남아 있을

뿐이오."

일본의 흉악함을 제대로 찌르는 말에 법정이 조용해졌어. 안중근은 마지막 말을 하기 위해 다시 입을 열었어.

"나는 죽어도, 동양의 평화는 살아야 하오. 쓰던 책을 마저 집필할 수 있게 시간을 주시오."

안중근의 이야기에 사람들은 고개를 끄덕였어.

안중근은 사형 집행을 기다리며 감옥에 머무르는 동안 《안응칠 역사》와 《동양평화론》이라는 책을 썼어. 《동양평화론》은 동아시아가 평화로워지려면 한국과 일본, 청국이 힘을 합해 서양의 침략을 막아야 한다는 주장을 담고 있었지. 이 책은 안중근이 평생 힘을 쏟은 독립운동의 철학을 정리한 것이고, 나라 밖에서 의병 투쟁과 교육 활동을 했던 안중근의 경험을 담고 있었어. 독립과 평화를 지키려는 안중근의 간절한 소원을 이루려면 우선 일본이 조선을 침략하고 다스리는 것을 막아야 했고, 일본의 우두머리인 이토 히로부미를 죽여야 했던 거야.

1910년 2월 14일, 《동양평화론》을 다 쓰지도 못한 채 사형 선고를 받은 안중근은 일곱 통의 유서를 남겼어. 죽음을 앞두

 고 며칠 전에는 두 동생인 안정근과 안공근에게 "내가 죽거든, 시체는 우리나라가 독립하기 전에는 고향에 묻지 마라. 대한 독립의 소리가 천국에 들려오면 나는 마땅히 춤추며 만세를 부르겠다."고 전했지.

 사형 선고를 받고 한 달이 좀 더 지난 3월 26일, 안중근은 중국 뤼순감옥에서 숨을 거뒀어. 우리 민족의 위대한 독립운동가가 세상을 떠난 날이지.

목숨 건 독립운동 이모저모

이토 히로부미를 처단한 까닭은?
1909년 10월 26일 안중근 의사는 이토 히로부미가 기차역에서 내리자마자 다가가 일곱 발의 총탄을 쏘았어. 이토 히로부미는 그 가운데 세 발의 총탄을 맞고 숨졌지. 안중근 의사는 왜 이토 히로부미를 처단했을까? 우리나라, 나아가 동양의 평화를 지키기 위해 침략자를 척결한 거야.

#독립운동의 역사

그날 하얼빈에서 일어난 일

안중근 의사가 순국한 지 115년이 지났어.

해마다 안중근 의사의 뜻을 기리기 위한 행사가 열리지.

일제강점기에 안중근 의사처럼 우리나라 독립을 위해

목숨을 바친 사람들이 없었다면, 지금 우리가 누리는

평화로운 일상도 없었을 거야.

항일운동을 약속하다 | 단지동맹

단지는 손가락을 자른다는 뜻으로 안중근 의사와 동지들이 나라를 지키기 위해 맹세한 일을 말해. 안중근 의사와 동지 열한 명은 왼손 네 번째 손가락 한 마디를 잘라 피로 글자를 썼는데, "우리는 반드시 나라를 위해 싸우겠다."는 내용이었지.

나라가 위험에 처했을 때 안중근 의사는 의병을 이끌며 일본군과 싸웠어. 하지만 상황이 점점 어려워지면서 의병 부대가 뿔뿔이 흩어졌어. 이때 그는 다시 일어서기 위해 단지동맹을 맺었지. 동지들은 모두 손가락을 자르며 결심했어. "우리는 언제든 다시 싸울 준비가 되어 있다." 그들은 적당한 기회를 기다리며 의병을 한번 더 일으킬 준비를 했어. 안중근 의사는 이 약속을 지키며 독립운동에 힘쓰다 세상을 떠났지. 단지동맹은 우리나라 독립운동의 중요한 상징이 됐어.

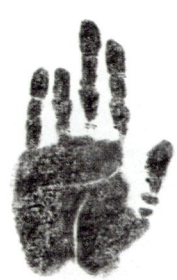

일제 우두머리 | 이토 히로부미

이토 히로부미는 일본의 첫 번째 총리로 일본을 크게 발전시켰어. 일본을 근대 국가로 만드는 것에 힘쓰다 점점 조선을 침략하고 지배하려는 정책을 펼쳤어. 고종과 대한제국의 신하들을 압박해 을사늑약을 맺게 한 중심 인물이기도 해. 우리나라가 일제의 식민지가 되는 데 결정적 역할을 했지.

1909년, 만주에 있는 하얼빈역을 방문한 이토 히로부미를 안중근 의사가 저격했어. 안중근 의사는 이토 히로부미가 우리나라를 괴롭히고 침략한 책임을 물은 거야.

이 사건은 우리나라 독립운동 역사에서 아주 중요해. 이토 히로부미가 죽으면서 일본은 큰 충격을 받았고 대한제국의 독립운동에 경계심을 가지기 시작했거든.

의거가 일어난 곳 | 하얼빈역

하얼빈역은 만주에 있는 기차역으로 19세기 후반 러시아가 동청철도(동쪽 중국 철도)를 건설하면서 만들어졌어. 이 철도는 러시아와 중국을 연결하는 교통의 중심이었고, 하얼빈은 중국, 러시아, 일본의 상인과 여행자들이 많이 오가는 국제적인 도시였어. 그래서 하얼빈역은 늘 사람들로 붐비며 물류와 사람들을 잇는 큰 역으로 자리 잡았어.

1909년, 이토 히로부미가 하얼빈역을 방문하면서 역사적으로 중요해졌어. 지금도 하얼빈역은 여러 노선이 지나가는 주요 환승역으로 날마다 수천 명의 사람이 오가고 있어. 얼마 전에는 현대식으로 바뀌어 더 커지고 편리해졌어. 안중근 의사의 동판과 기념관이 있어서 역사를 배우기에도 좋아.

독립과 평화를 외친 책 | 《동양평화론》

《동양평화론》은 안중근 의사가 감옥에 있으면서 쓴 책이야. 동양의 평화를 위해 한국, 청국, 일본이 힘을 합쳐야 한다는 주장이 담겨 있어.

안중근 의사는 동양이 평화로워야 서양 나라들의 침략을 막을 수 있다고 생각했어. 서양 나라들은 힘이 강해서 여러 동양 나라를 지배하려고 했어. 안중근 의사는 동양 나라끼리 싸우지 말고 힘을 모아 서양의 침략에 맞서야 한다고 주장했어. 일본이 빼앗은 한국의 국권을 돌려주고 청국을 침략하려는 욕심을 버린 뒤 세 나라가 함께 교육과 경제를 발전시켜야 한다고 이야기했지. 전쟁이 아닌 대화와 협력이 필요하다고 강조했어.

안중근 의사는 이 책을 다 쓰지 못하고 사형 당했지만 그의 생각은 지금까지도 평화의 소중함을 알려 주고 있어. 《동양평화론》에는 세계 평화를 꿈꾼 안중근 의사의 마음이 담겨 있어.

나라 빚을 갚자는 운동 | 국채보상운동

대한제국 말기 우리나라는 일본의 강요로 큰돈을 빌리게 되었어. 이 돈을 갚지 못하면 나라가 더 어려워질 수 있어서 1907년에 국채보상운동이 시작됐어. 국채는 나라가 빚진 것을 말해. 국채보상운동은 우리 국민들이 힘을 합쳐 나라의 빚을 갚자는 운동이야.

사람들은 자기가 가진 돈이나 소중한 물건을 내놓기 시작했어. 어떤 사람은 금반지와 귀걸이를 내놓았고, 어떤 사람은 돼지를 팔아 돈을 보탰지. 심지어 어린아이들까지 동전 몇 푼이라도 모아서 보탰어.

안중근 의사도 이 운동에 적극 참여했어. 식구들의 장신구를 모두 내놓으며 국채보상운동을 도왔어. 이 운동은 나라 곳곳으로 퍼져 나갔고, 다른 나라에서도 큰 감동을 받았어. 비록 일본에게 진 나라 빚을 모두 갚지는 못했지만, 우리 국민의 하나 된 마음을 보여 주었지.

본받고 싶었던 용감한 기개 | 초패왕 항우

항우는 중국 역사에 나오는 서초라는 나라를 세운 장군이야. 원래 이름은 항적인데, 뛰어난 무술 실력을 가지고 있어서 사람들은 항우를 초패왕이라고 불렀지. 초패왕은 '초나라의 강한 왕'이라는 뜻이야. 항우는 엄청난 힘과 거침없는 성격으로 전투에서 지는 법이 없어서 진나라를 무너뜨리고 서초를 세워 중국을 차지하려고 했어. 하지만 둘레 사람들과는 잘 어울리지 못한다는 단점이 있었어.

항우의 적인 유방은 항우와 다르게 조용히 힘을 키우며 신중하게 상황을 살폈지. 결국 항우는 유방과 싸우다 지고 말았어. 항우는 전투에서 지고 도망치다가 스스로 목숨을 끊었어. 사람들은 항우를 용맹하지만 안타까운 인물로 기억해. 안중근 의사도 항우의 용감하고 강한 기개를 존경했어. 그래서 역사에 남는 훌륭한 장부가 되고 싶어 했지.

고정욱 선생님과 함께 생각해 보아요

• 신념을 지키기 위한 노력 •

안중근 의사는 일본 법정에서 수많은 추궁을 당하고 고초를 겪었지만 당당했지. 조선을 집어삼키고 세계 평화를 저해하는 이토 히로부미를 처단한 것은 한 국가의 장군으로서 한 일이었다고 소리 높여 이야기했어. 온 나라가 안중근 의사의 이야기에 귀 기울였고 비로소 대한민국의 독립운동에 관심 갖기 시작했지.

신념을 실천하려면 무엇이 필요할까?

안중근 의사처럼 신념을 지키려면 어떤 방해와 위협에도 무릎 꿇지 않는 용기가 필요해. 자기 신념을 논리적으로 주장할 수 있는 지혜도 있어야 하지. 하지만 용기도, 지혜도 한순간에 생기지는 않아. 안중근 의사는 어린 시절부터 나라의 독립을 바라며 활쏘기와 말 타기 훈련에 힘썼어. 오랜 시간 동안 몸과 마음을 부지런히 가꾸고 다져왔기에 큰 뜻을 위한 일들을 실천할 수 있었던 거야.

#역사 한 장면_되새기기

▍풀어 봐! 맞혀 봐!

하얼빈 의거 이야기 잘 들었어?

문제를 풀면서 내용을 확인해 볼까?

1. 안중근 의사가 이토 히로부미를 처단했던, 이제는 역사적 장소로 자리잡은 역 이름은 무엇일까? (   )

   ① 루쉰역   ② 만주역
   ③ 하얼빈역   ④ 모스크바역

2. 다음에서 설명하는 동맹의 이름을 적어 봐. (   )

   > 안중근과 동지 열한 명이 나라를 지키기 위해 맹세한 일로 왼손 네 번째 손가락 한 마디를 잘라 피로 글자를 썼어. "우리는 반드시 나라를 위해 싸우겠다."는 내용이었지.

3. 하얼빈 의거에 관한 OX 문제야. 맞으면 O, 틀리면 X를 표시해 봐.

- 이토 히로부미는 일본의 총리로 우리나라에 우호적이었어. (   )
- 이토 히로부미를 처단한 안중근 의사는 변호인단과 재판정에 섰어. (   )
- 《동양평화론》은 안중근 의사가 쓴 책으로 동양의 평화를 위해 한국, 청국, 일본이 힘을 합쳐야 한다는 내용을 담았어. (   )

4. 다음은 어떤 인물에 관해 이야기하는 것일까? (   )

- 1879년 9월 2일, 지금의 황해도 해주에서 태어났어.
- 어렸을 때 응칠이라는 이름으로 불리며 활쏘기에 재능을 보였지.
- 함경도에서 일본군과 전투를 벌였고 하얼빈역에서 이토 히로부미를 처단했어.

5. 뜻에 맞는 낱말을 찾아서 바르게 이어 봐.

① 러시아어로 '대한민국 만세' ·   · ㉠ 항우
② 조선 밖 의병 부대를 만들려는 준비 단체 · · ㉡ 동의회
③ 중국 역사에서 서초라는 나라를 세운 장군 · · ㉢ 코레아 우라
④ 1907년 국민들이 힘을 모아 나라의 빚을 갚자는 운동 · · ㉣ 국채보상운동

*정답은 99쪽에

#역사 한 장면_생각 쓰기

1. 하얼빈 의거가 있은 뒤 안중근 의사는 재판정에서 이토 히로부미를 처단한 이유를 논리 있게 이야기했어. 재판정에 섰던 안중근 의사가 되어 하얼빈 의거의 배경과 이유를 말해 봐.

> 일본인 재판관이 안중근에게 물었지.
> "무슨 까닭으로 그대에게 아무런 피해를 끼치지 않은 이토 통감을 죽였는가?"
> 안중근은 눈을 부릅뜨고 대답했어.

하얼빈 의거의 배경과 이유

2. 하얼빈 의거 이야기에서 가장 기억에 남는 장면은 무엇이었어?
   왜 그 장면을 선택했는지 이유를 적어줘.

기억에 남는 장면

그렇게 생각한 까닭

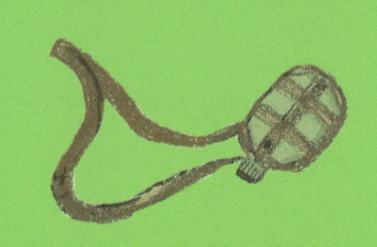

조선 청년 윤봉길의 결단

한인애국단의 독립운동(1932년 4월 29일)
1932년 4월 29일 일본군은 상하이 훙커우 공원에서 전승기념행사를 열었어. 많은 일본군이 참여한 큰 행사에서 대한민국임시정부 한인애국단이었던 윤봉길이 나타났지. 그는 단상을 향해 폭탄을 던졌어. 대한민국 독립운동이 세계적인 관심을 끌기 시작한 일이었어.

▶ 역사 한 장면

훙커우 공원 의거

"받아라!"
물통 폭탄이 터지자 사람들은 깜짝 놀라 바닥에 엎드렸어.

홍커우 공원에서 폭탄을 던지다

윤봉길은 사람들 틈에 숨어 무언가를 끊임없이 살폈어.

일본 국가가 끝날 무렵 물통 폭탄의 안전핀을 뽑은 다음 크게 소리치며 나아갔지.

"받아라!"

폭탄은 큰 폭발음을 울리며 터졌고 단상에 있던 일본 지도자들은 죽거나 다쳤어.

윤봉길은 그곳 한가운데 서서 온 마음을 다해 간절히 외쳤어.

"대한 독립 만세! 대한 독립 만세!"

홍커우 공원에 나타난 조선 청년

1932년 4월 29일, 상하이 홍커우 공원에서 일본 국가가 연주되고 있었어. 모든 사람이 웅장하게 울려 퍼지는 일본 국가를 들었지.

1932년 1월 28일 일본은 중국을 공격해 상하이를 차지하는 데 성공했어. 그로부터 얼마 뒤, 일본 천황의 생일을 축하하고 전쟁 승리를 기리는 천장절 행사를 홍커우 공원에서 연 거야. 행사는 기념일을 축하하는 경축식과 군사들을 격려하는 관병식으로 이루어졌어.

그런데 이때, 일본을 드높이는 행사에서 홀로 다른 생각을 품고 있는 이가 있었어. 바로 조선 청년 윤봉길이었지. 윤봉길은 사람들 틈에 숨어 끊임없이 무언가를 살폈어. 그리고 일본 국가가 끝날 무렵 손에 쥐고 있던 물통 폭탄의 안전핀을 바르게 뽑은 다음 크게 소리치며 앞으로 나갔어.

"받아라!"

물통 폭탄은 큰 폭발음을 울리며 터졌어. 사람들은 깜짝 놀라 바닥에 엎드렸어. 단상에 있던 일본의 지도자들은 대부분 폭탄을 맞고 죽거나 다쳤지.

윤봉길은 그곳 한가운데 서서 온 마음을 다해 간절히 외쳤어.

"대한 독립 만세! 대한 독립 만세!"

하지만 윤봉길의 외침이 다 끝나기도 전에 일본 군인과 경찰들이 그를 덮쳤지.

"저놈 잡아라!"

일제강점기에 일본은 조선이 중국과 친하게 지내는 걸 싫어했어. 조선과 중국이 힘을 모아 일본에 저항할 수 있다고 생각했거든. 그래서 상하이를 공격해 한 달간 전쟁을 한 끝에 이겼던 거야. 일본은 1932년 3월에 중국 만주에 '만주국'이라는 이름으로 일본의 조종을 받는 괴뢰국*을 세웠어. 그렇게 일본이 침략 전쟁을 이어가던 가운데 조선의 젊은 청년이 천장절 행사에서 폭탄을 던질 줄은 꿈에도 몰랐던 거지.

---

* 괴뢰국: 겉으로는 독립적인 국가처럼 보이지만, 다른 나라의 지배를 받는 국가.

조선의 투사들, 한인애국단

윤봉길은 사건이 벌어지기 한 해 전부터 천장절 행사에서 폭탄을 던지려고 독립운동가 김구와 함께 계획했어.

김구는 대한민국임시정부 국무회의에서 사람들에게 말했어.

"앞으로 한인애국단 특공작전을 더 거세게 밀어붙이겠소."

대한민국임시정부는 우리나라의 독립을 위해 일본과 싸우기로 마음먹고 목숨까지 바칠 수 있는 사람들을 모아 한인애국단을 만들었어. 한인애국단은 힘든 싸움을 계속해 나갔지. 1932년 1월, 독립운동가 이봉창은 일본 도쿄 한복판에서 일본 황제가 타고 있는 마차를 향해 폭탄을 던졌어. 의거*는 실패하고 말았지만 이 일이 조국에 있는 조선인들에게 알려지면서 큰 용기와 희망을 전했지. 윤봉길도 이봉창과 비슷한 시기에 의거 활동을 했어.

"저는 윤봉길이라고 합니다. 충청도 사람입니다."

"어서 오시오, 윤 동지."

처음에 임시정부의 지도자 김구는 일본이 보낸 간첩이 아닐까 하고 윤봉길을 의심했어. 일본이 독립운동을 하려는 이들을 알아내 방해하고 없애려고 하던 시대였으니 누구든 조심할 수밖에 없었지. 그러나 김구는 윤봉길과 대화를 나누며 그의 진실한 마음을 알게 되었어.

"이봉창 선생의 의거에 큰 감동을 받았습니다. 조선의 독립

* 의거: 정의를 위해 옳은 일을 하는 것.

을 위해 싸우겠습니다."

"윤 동지! 한인애국단에는 당신 같은 젊은 청년이 필요했소."

김구는 윤봉길의 굳은 의지를 확인하고 그와 함께 독립을 위한 일들을 해 나가기로 마음먹었어. 젊은 청년이었지만 윤봉길은 나라를 위해 목숨을 바칠 준비가 되어 있었거든. 그러다 마침 일본이 천장절 행사를 상하이에서 크게 연다는 소식을 듣고는 지금이 움직일 때라고 생각했어. 입장권만 있으면 누구나 참석할 수 있으니, 행사장에서 일본의 중요한 지도자들을 공격할 계획을 세운 거야.

천장절을 하루 앞두고 김구는 윤봉길에게 물었어.

"윤 동지, 드디어 내일이오. 마음이 바뀌진 않았소?"

윤봉길은 기꺼이 목숨을 바칠 준비가 되어 있다고 선서했어. 그렇게 김구와 윤봉길은 마지막으로 독립을 향한 마음을 확인했지.

윤봉길에게는 고향에 두 명의 아들이 있었어. 어린 자식들을 남기고 죽을 마음을 먹어야 했지. 윤봉길은 홍커우 공원으로 떠나기 전 '강보에 싸인 두 병정에게'라는 제목의 유서를 아

이들에게 남겼어.

너희도 만일 피가 있고 뼈가 있다면 반드시 조선을 위해 용감한 투사가 되어라 태극의 깃발을 높이 드날리고 나의 빈 무덤 앞에 찾아와 한 잔 술을 부어 놓아라 (…)

의거를 앞두고 윤봉길은 마지막 아침 식사를 김구와 함께 하며 말했지.

"오늘 저는 죽으러 갑니다. 제 시계는 비싼 것이니 선생님 것과 바꾸겠습니다."

가지고 있던 비싼 시계를 김구에게 주고, 김구의 값싼 시계를 받아서 몸에 지녔지. 그리고 두 개의 폭탄을 받아 든 거야. 중국군의 무기 공장에서 몰래 만든 폭탄은 도시락과 물통 모양으로, 언뜻 봐서는 폭탄이라는 걸 알 수 없었어. 행사에 도시락을 가져와야 한다고 해서, 그런 모양으로 만든 거지.

윤봉길은 김구와 마지막 인사를 나누고 홍커우 공원에 아침 일찍 도착했어. 그러나 윤봉길에게는 공원에 들어갈 수 있는 입장권이 없었어. 중국인 수위가 입장권을 확인하자, 윤봉길은 오히려 자신만만하게 말했지.

"나는 일본인이오! 일본인이 일본 행사에 참여하는데, 입장권 따위가 필요하단 말이오?"

윤봉길의 유창한 일본어와 뛰어난 말솜씨에 수위는 어쩌지 못하고 그를 공원으로 들여보냈어. 양복 차림에 보자기에 싼 도시락과 물통을 매고 있으니 일본인과 똑같아 보였거든.

수만 명이 홍커우 공원에 몰려들면서, 윤봉길은 사람들 사이에 자연스럽게 섞였어. 그렇지만 경비병들이 사람들을 철저히 감시하며 지켰기 때문에 윤봉길은 처음 계획과 다른 판단을 해야 했어.

'폭탄을 두 개 다 던지기 힘드니 물통 폭탄만 던져야겠어.'

천장절 1부는 일본군의 힘을 자랑하는 행사를 펼치며 오전 11시쯤 끝났어. 30분 동안 쉬는 시간을 가졌다가 황제의 생일 축하식을 시작했지. 나라 행사의 시작은 다 함께 국가를 부르는 거잖아? 윤봉길은 사람들이 국가를 부르느라 정신없을 때 폭탄을 던진 거야.

"대한 독립 만세! 대한 독립 만세!"

큰일을 해내고 윤봉길은 크게 소리쳤어. 그 자리에서 체포돼 일본군에게 끌려가면서도 윤봉길은 당당했지.

대한 독립을 향한 길

홍커우 공원에서 벌어진 윤봉길의 의거는 온 나라에 알려졌어. 여러 나라 기자들이 사진을 찍어 신문이나 라디오로 알렸거든. 윤봉길은 폭탄이 터진 뒤 어떤 일이 일어날지 짐작하고 있었어. 전날 김구와 밥을 먹으며 이야기를 나누었으니까.

"자네가 목숨 바쳐 이 일을 해낸다면 우리 민족이 중국에서 독립운동을 더 힘차게 할 수 있을 거야. 그동안 어려움이 많았던 독립운동도 다시 불처럼 타오를 것이네. 일본에게 핍박받는 중국 사람들도 고마워할 거고."

김구의 말처럼 중국 중앙군 사령관인 장제스가 윤봉길 의거를 두고 이렇게 말했어.

"중국군 수만 명이 해내지 못한 일을 조선 청년 한 명이 해냈다!"

김구는 또 다른 일도 미리 떠올렸어.

"일본은 우리 조선이 죽지 않았다는 사실을 깨닫고 오싹해할 걸세. 여러모로 일본에게 큰 피해를 줄 거야."

"알겠습니다. 꼭 그렇게 되길 바랍니다."

윤봉길은 고개를 끄덕이며 자기의 역할을 되새겼어.

"동포들이 이 일로 희망과 용기를 얻었으면 합니다."

"일제 식민지 통치 아래 고통 받는 우리 동포들에게 독립의 꿈을 다시 불어넣어 줄 거야. 또 조선이 결코 일본에게 속해 있지 않으며 계속 저항하고 있음을 세상에 알릴 수 있을 거라네."

일본군에게 잡힌 윤봉길은 여러 차례 주먹질을 당하고 조사받았어.

"왜 이런 끔찍한 일을 저질렀는가?"

일본 조사관이 사나운 표정으로 물었지만 윤봉길은 기죽지 않고 되받아쳤어.

"사람의 도리를 저버리는 나쁜 일은 일본이 먼저 하지 않는가? 너희들은 조선과 우리 동포에게 고통을 주고 있다."
"이런 짓을 한다고 조선이 독립할 거라고 생각하나?"
"나는 우리 민족성을 불러일으키기 위해 이 일을 했다. 조선을 잊은 온 나라에 조선이 살아 있음을 알리려고! 이 일이 언젠가 이루어질 우리나라 독립에 큰 밑거름이 되리라 믿는다. 결국 많은 사람을 핍박하고 착취하는 일본 제국주의는 멸망하고 우리나라는 독립할 것이다!"

일본 조사관에게 고통 받으면서도 당당하게 자기 생각을 알린 거지. 윤봉길은 1932년 5월 1일 재판을 받고 같은 해 12월 18일에 가나자와 육군 교도소로 옮겨진 뒤 다음 날 총살을 당했어. 스물다섯 청년이 조국의 독립을 위해 목숨을 바쳤지.

1945년, 우리나라는 윤봉길이 바란 대로 독립을 이루었고 지금은 온 세계가 알아주는 문화강국이 되었지. 윤봉길과 같은 독립운동가들이 포기하지 않고 우리나라의 독립을 위해 애썼기에 가능했던 일이야.

의사와 열사 이모저모

윤봉길의 의거는 어떤 영향을 미쳤을까?
대한민국임시정부 한인애국단 소속이었던 윤봉길은 상하이 훙커우 공원에서 열린 천장절 행사에 물통 폭탄을 던져 일본 지도자들을 죽거나 다치게 만들었어. 이 작전을 통해 일본에 맞서는 우리나라 독립운동의 불씨를 키웠지.

#독립운동가의 희생

내 소원은 오로지 대한 독립

일본이 우리나라의 국권을 빼앗은 일제강점기

김구, 이봉창, 윤봉길처럼 수많은 독립운동가가

목숨을 걸고 나라를 위해 싸웠지.

자주 국가를 되찾겠다는 굳건한 뜻을 품고서 말이야.

독립을 위한 준비 | 대한민국임시정부

1919년 4월 11일, 중국 상하이에 세워졌기 때문에 상하이 임시정부라고도 불렀어. 3·1운동이 있고 나서 '국민이 나라의 주인이 되는 민주적인 정부'가 필요하다는 걸 깨달은 이들이 모여 만들었지. 일본과 멀리 떨어진 안전한 곳을 찾다가 상하이에 자리 잡은 거야. 임시정부는 신규식, 신채호, 이동녕, 이시영처럼 조선의 독립을 간절히 바라는 이들이 힘을 합쳐 만들었어.

백범 김구는 1940년 임시정부의 주석*이 되어 이봉창, 윤봉길과 같은 독립운동가들의 의거를 지휘했어. 또한 임시정부는 거듭되는 일본의 탄압에 저항하기 위해 투쟁을 벌이는 한인애국단을 만들었지. 한인애국단은 비밀결사 조직으로 일본 지도자들을 공격한다는 뜻을 가지고 이루어졌어. 한인애국단의 활동으로 일본은 크게 긴장하였지.

* 주석: 국가나 정당의 최고 직위. 또는 그 직위에 있는 사람.

20세기 아시아의 가장 큰 전쟁 | 중일전쟁

1905년, 일본은 러시아와의 전쟁에서 이긴 뒤 중국과 몽골까지 다스리고 싶었어. 그래서 일본은 1931년 9월 18일 밤, 만주 철도선을 폭파하는 자작극*을 벌이며 중국과의 전쟁을 시작했지. 이를 만주사변이라고 해. 일본은 만주를 시작으로 중국 대륙을 공격했고, 중국은 제2차 세계대전을 벌이던 공산당과 손잡고 일본군에 맞서. 이 틈을 타 대한민국임시정부도 중국군의 도움으로 폭탄을 만들고 독립운동가들의 의거를 계획했어.

만주사변은 1937년 중일전쟁으로, 1941년에는 일본과 미국의 싸움인 태평양전쟁으로 이어졌는데, 1945년에 미국이 일본 히로시마와 나가사키에 원자 폭탄을 떨어트리면서 전쟁은 끝나. 원자 폭탄의 피해로 일본이 항복할 수밖에 없었거든. 일본이 항복하면서 우리나라도 광복을 맞게 돼.

* 자작극: 남을 속이거나 해치려고, 자기 스스로 거짓으로 일을 꾸민 사건.

천황에게 폭탄을 던진 독립운동가 | 이봉창

이봉창 의사는 대한민국임시정부 한인애국단 소속이었어. 서울에서 태어난 그는 일찍이 일본으로 건너가 상점, 철공소, 제과점에서 일하며 지냈어. 그러다 중국 상하이에서 대한민국임시정부와 연결돼. 이봉창은 김구와 만나면서 조국과 민족을 향한 마음을 키우고, 조국을 위해 살겠다고 새롭게 마음먹어.

  이봉창은 일본 천황을 공격하는 작전을 맡아 1932년 1월, 새해를 맞아 열린 관병식에서 일본 천황에게 수류탄을 던져. 하지만 천황이 폭탄을 맞지 않아 실패로 끝났어. 이봉창은 그 자리에서 체포되었고 끝까지 저항하다 1932년 10월 10일, 일본의 이치가야 교도소에서 숨을 거뒀어.

내 소원은 첫째도 둘째도 대한 독립이오 | 김구

독립운동가이자 대한민국임시정부의 지도자야. 김구는 일본의 첩자를 잡아 죽인 일로 감옥에 갇혔다가 빠져나와 독립운동에 힘써. 감옥에서 탈출한 김구는 일본의 감시를 피해 중국으로 건너간 다음 대한민국임시정부에서 활동하지. 김구는 3·1운동을 지켜보며 한반도에서는 독립운동을 펼치기 어렵다고 생각했어. 그래서 무력으로 일본에 저항하는 한인애국단을 만들고 이봉창과 윤봉길의 의거를 지휘했어.

김구가 미국의 도움으로 특수 군사를 키우고 있을 때 일본에 원자폭탄이 떨어지고 천황이 항복하면서 독립을 맞았지. 김구가 남긴 책 〈백범일지〉에는 "하나님이 네 소원이 무엇이냐 물으시면 나는 대한 독립이라고 대답할 것이다."라고 적혀 있어. 그만큼 독립을 향한 뜻이 분명했던 거지.

독립운동의 불을 지피다 | 윤봉길

1908년, 충남 예산에서 태어난 독립운동가야. 어렸을 때는 서당에서 한문을 배웠고, 3·1운동을 본 다음에는 일본의 영향을 받은 교육을 거부하며 다니고 있던 보통학교를 그만뒀어. 사람들이 일본의 감시를 받으며 살아가는 것을 보고는 우리나라가 해방되어 자유와 독립을 이루어야만 한다는 사실을 깨달아. 중국으로 독립운동을 하러 건너가 상하이에서 김구와 만나 한인애국단에서 활동을 시작해.

윤봉길은 1931년 11월, 김구가 계획한 특공작전*에 참여하기로 마음먹어. 그리고 상하이 훙커우 공원에서 열린 천장절 행사에 물통 폭탄을 던져 일본 지도자들을 죽거나 다치게 만드는 데 성공했지. 윤봉길은 이 작전을 통해 일본에 맞서는 우리나라를 온 나라에 알리고, 독립운동의 불씨를 키웠어.

* 특공작전: 한 대상을 공격하기 위해 짧게 이루어지는 작전.

독립운동가를 부르는 여러 이름 | 의사와 열사

독립운동에 참여한 사람들을 우리는 '의사'와 '열사'라고 부르지. 의사와 열사 모두 나라를 위해 목숨을 걸고 맞선 사람들을 말해. 하지만 그 뜻에는 차이가 있어. 총과 칼, 폭탄과 같은 무력을 써서 맞서다 의롭게 죽은 사람은 '의사'라고 해. 맨몸으로 저항하다 의롭게 죽은 사람은 '열사'라고 부르지. 그래서 일본의 중요한 인사를 향해 폭탄을 던진 윤봉길은 '의사'라고 부르고, 맨몸으로 저항하며 만세 운동을 이끈 유관순은 '열사'라고 부르는 거야.

우리나라는 11월 17일을 '순국선열의 날'로 정하고 나라를 위해 힘쓴 애국자와 독립운동가를 기리고 있어. '순국선열'은 광복 전날인 1945년 8월 14일까지 나라를 위해 목숨을 바친 사람을 뜻해. 나라를 위해 힘쓰다가 살아서 광복을 맞이한 사람은 '애국지사'라고 불러.

고정욱 선생님과 함께 생각해 보아요

• 우리가 역사를 배우는 까닭 •

일제강점기에 우리나라는 아무것도 할 수 없었어. 사람들은 우리말을 제대로 쓸 수 없었고 전쟁에 필요한 강제 노동을 하거나 재산을 빼앗겨야 했지. 독립운동가들은 목숨을 걸고 일제에 맞섰어.

우리는 왜 역사를 배울까?

앞으로 같은 실수를 반복하지 않기 위해서야. 역사를 배우며 나라를 잃고 나서 얼마나 많은 사람이 고통 받았는지, 주권을 되찾기 위해 독립운동가들이 목숨 건 희생을 해야 했는지 알게 돼. 일제강점기 역사에서 윤봉길, 이봉창, 김구처럼 우리나라의 독립을 간절히 바라며 처절하게 투쟁했던 이들을 보기도 하지만 자기 안위만을 생각하며 나라에 등 돌렸던 사람들을 보기도 해. 욕망으로 가득했던 조선 관료들은 나라를 팔아먹으며 백성들을 고통으로 몰아넣었지. 반면 독립운동가들의 희생은 우리에게 광복의 기쁨을 안겨주었어.

#역사 한 장면_되새기기

풀어 봐! 맞혀 봐!

홍커우 공원 의거 이야기 잘 들었어?

얼마나 잘 들었는지 문제를 풀면서 확인해 볼까?

1. 상하이 임시정부라고도 부르는 이곳은 조선 독립을 바라는 이들이 힘을 합쳐 만들었어. 이곳은 어디일까? (   )

   ① 괴뢰국　　　　　　　　　② 신민회
   ③ 조선어연구회　　　　　　④ 대한민국임시정부

2. 괄호 안에 들어갈 사람과 단체의 이름을 적어 봐. (㉠   , ㉡   )

> (㉠   )은 홍커우 공원 의거가 벌어지기 한 해 전부터 천장절 행사에서 단상을 향해 폭탄을 던지려고 계획했어. 그 계획은 또 다른 독립운동가 김구와 함께 촘촘히 세워졌지. 상하이에 세운 대한민국임시정부 국무회의에서 김구 의장은 사람들에게 말했어.
> "대한민국임시정부는 앞으로 (㉡   ) 특공작전을 더 거세게 밀어붙이려 하오."

3. 다음 중 틀린 설명 하나를 골라. (   )

   ① 일제강점기는 1910년부터 1945년까지 이어졌어.
   ② 독립운동가이자 대한민국임시정부의 지도자는 이봉창이야.
   ③ 윤봉길은 상하이 훙커우 공원 의거로 독립운동의 불씨를 키웠어.
   ④ 무력을 써서 맞서다 의롭게 죽은 사람은 '의사', 맨몸으로 저항하다 의롭게 죽은 사람은 '열사'라고 불러.

4. 다음에서 설명하는 사람은 누구일까? (   )

   - 일본 첩자를 죽인 일로 감옥에 갇혔다가 나와 독립운동에 힘써.
   - 그는 〈백범일지〉라는 책을 남기며 책 속에 "하나님이 네 소원이 무엇이냐 물으시면 나는 대한 독립이라고 대답할 것이다."라고 적었어.

5. 뜻에 맞는 낱말을 찾아서 바르게 이어 봐.

   ① 우리나라의 11월 17일 기념일 이름   • ㉠ 애국지사
   ② 윤봉길의 물통 폭탄 의거가 일어났던 곳   • ㉡ 이봉창
   ③ 1932년 1월 일본 천황을 공격한 독립운동가 • • ㉢ 훙커우 공원
   ④ 나라를 위해 힘쓰다 살아서 광복을 맞이한 사람 • ㉣ 순국선열의 날

*정답은 99쪽에

#역사 한 장면_**생각 쓰기**

1. 아래 글을 읽고 내가 윤봉길이라면 어떻게 말했을지 적어줘.

> 일본군에게 잡힌 윤봉길은 여러 차례 주먹질을 당하고 조사받았어.
> "왜 이런 끔찍한 일을 저질렀는가?"
> 일본 조사관이 사납게 물었지만 윤봉길은 기죽지 않고 되받아쳤어.
> "
> _____
> _____
> _____
> _____ "

그렇게 대답한 까닭

2. 훙커우 공원 의거 이야기에서 가장 기억에 남는 장면이 무엇이었어?
   왜 그 장면을 선택했는지 이유를 적어줘.

   가장 기억에 남는 장면

   그 장면을 고른 까닭

#역사 한 장면_되새기기_**정답**

▌답을 확인해 봐!

을사늑약과 독립운동에 관한 문제 잘 풀었어?

답안을 보면서 얼마나 맞혔는지 확인해 볼까?

틀린 문제가 있다면 내용을 다시 한번 살펴보면서

어떤 부분을 놓쳤는지 찾아봐.

을사늑약 편

1. ③
2. 외교권
3. ③
4. 민영환
5. ①-㉠, ②-㉢, ③-㉡, ④-㉣

하얼빈 의거 편

1. ③
2. 단지동맹
3. X, X, O
4. 안중근
5. ①-㉢, ②-㉡, ③-㉠, ④-㉣

홍커우 공원 의거 편

1. ④
2. ㉠ 윤봉길 ㉡ 한인애국단
3. ②
4. 김구
5. ①-㉣, ②-㉢, ③-㉡, ④-㉠

고정욱이 들려주는
역사 한 장면 ② 을사늑약과 독립운동

2025년 9월 10일 1판 1쇄 펴냄
글 고정욱 | 그림 김주경

편집 석수영, 임헌
디자인 이종희 | **제작** 심준엽
영업마케팅 심규완, 윤민영 | **영업관리** 안명선
새사업부 조서연 | **경영지원실** 김세정
인쇄와 제본 (주)상지사 P&B

펴낸이 윤구병 | **펴낸 곳** (주)도서출판 보리 | **출판등록** 1991년 8월 6일 제9-279호
주소 (10881) 경기도 파주시 직지길 492
전화 031-955-3535 | **전송** 031-950-9501
누리집 www.boribook.com | **전자우편** bori@boribook.com

© 고정욱, 김주경 2025

이 책의 내용을 쓰고자 할 때는, 저작권자와 출판사의 허락을 받아야 합니다.
잘못된 책은 바꾸어 드립니다.

값 13,000원

보리는 나무 한 그루를 베어 낼 가치가 있는지 생각하며 책을 만듭니다.

ISBN 979-11-6314-430-4 (74910)
　　　979-11-6314-408-3 (세트)

제품명 도서 **제조자명** ㈜도서출판 보리 **주소** (10881) 경기도 파주시 직지길 492 **전화번호** (031) 955-3535
제조년월 2025년 9월 **제조국** 대한민국 **사용연령** 10세 이상 **주의사항** 책의 모서리가 날카로우니 다치지 않게 주의하세요.
KC 마크는 이 제품이 공통안전기준에 적합하였음을 의미합니다.